Hét handboek voor moderne kalligrafie,
handlettering en brushlettering

feel inkspired

Betty Soldi

Hét handboek voor moderne kalligrafie, handlettering en brushlettering

★

FOTOGRAFIE DOOR DEBI TRELOAR

★

UITGEVERIJ LUITINGH-SIJTHOFF

★

VOOR HEN DIE INKTSPIREREN
MAAR ZICH DAAR NIET
BEWUST VAN ZIJN...

—

VOOR ALMATTEO, MIJN VALLENDE STER

» EEN VALLENDE STER BETEKENT DAT JE DE KANS
KRIJGT AL JE DROMEN UIT TE LATEN KOMEN

—

ISBN 978 90 245 8120 7
NUR 476

www.lsamsterdam.nl
www.boekenwereld.com

Tekst © 2017 Betty Soldi
Ontwerp © 2017 Kyle Books
Foto's © 2017 Debi Treloar *
*met uitzondering van: 8, 30, 99, 144, 152 © Ilaria Costanzo
8 © Giorgio Possenti
17 © Rosapaola Lucibelli
20-21 © Beatrice Speranza
24 © Catherine Gratwicke
25 © Bernardo Raspanti
27 © RGB Ventures/Alamy Stock Photo
32-33, 108, 131, 132, 145, 164 © Anna Ambrosi
34, 47, 67, 92, 124, 127 © Elisabetta Marzetti
35 © Classic Image/Alamy Stock Photo
52, 148, 153, 155 © Sara D'Ambra
91 © Tony Baggett/iStock
100-101 © Katie Pertiet/Designer Digitals
102, 150, 157, 159 © Cinzia Bruschini
115, 158 © Lelia Scarfiotti
130, 131, 157 © Anne-Marie Brouchard
138 © Adie Gateley 139 © Anna Naphtali, Ashley Ludaescher
141 © Zhanna Teplova
159 © Kate Nielen, Slava Mishura, Susan Mariani, Erich McVey, Alexandra Vonk

Deze uitgave is met de grootst mogelijke zorgvuldigheid samengesteld. Noch de auteur, noch de uitgever stelt zich echter aansprakelijk voor eventuele schade als gevolg van eventuele onjuistheden en/of onvolledigheden in dit boek.

© 2018 Nederlandse vertaling
Uitgeverij Luitingh-Sijthoff B.V., Amsterdam
Alle rechten voorbehouden
Oorspronkelijke titel: Inkspired

Kalligrafie: Betty Soldi
Ontwerp en creative director: Betty Soldi
Lay-out: Claudia Astarita
Fotografie: Debi Treloar
Styling: Betty Soldi, Simone Bendix, Helene Schjerbeck
Projectbegeleiding: Tara O'Sullivan
Assistant-uitgever: Isabel Gonzalez-Prendergast
Productie: Nic Jones, Gemma John en Lisa Pinnell
Vertaling: Janke Greving/Vitataal
Redactie en productie: Vitataal, Feerwerd
Opmaak: Rode Egel Producties, Groningen

INHOUD

WANNEER STERREN ELKAAR ONTMOETEN ★ 6
INKTLEIDING DOOR MARA ZEPEDA

BEGINNEN ★ 8
OVER MIJ, OVER KALLIGRAFIE, OVER JOU

JE MAG WEER SCHRIJVEN ★ 28
ONDERZOEK JE EIGEN HANDSCHRIFT, ZET POTLOOD EN PEN OP PAPIER

ALFABETTY ★ 73
KALLIGRAFISCHE LETTERVORMEN

ALFABETER ★ 103
GRIJP JE KANS OM TE SCHITTEREN

KALLIGRAFIJN ★ 117
ALLERHANDE GEREEDSCHAPPEN, ZOALS BORSTELS EN ZELFS GROENTE

KALLIGRAFIE MET EEN KROONTJESPEN ★ 126
WERKEN MET SPECIALE PENNEN EN PUNTEN, EN MARA ZEPEDA'S TIPS VOOR LINKSPOOTJES

WOORDEN DOEN ERTOE ★ 141
SCHRIJF OP WIT EN OP KNIPSELKUNST

BRENG SCHRIJVEN TOT LEVEN ★ 148
CREATIEVE IDEEËN OM MEER TE BESCHRIJVEN DAN ALLEEN PAPIER

INKTLEIDING BETTY SOLDI " **DOOR MARA ZEPEDA** "

In 2012 lieten mijn man en ik ons hele hebben en houden achter om een jaar in Italië te gaan wonen, in Florence. Ik sprak absurd slecht Italiaans, droeg het boek *A Room with a View* bij me, had geen vrienden om me heen en geen structuur in mijn dag. 's Ochtends maakte ik kalligrafie op bestelling (vaak ging het om ontwerpen voor tatoeages, waarover ik later meer zal vertellen) en 's middags zwierf ik door de straten en keek ik mijn ogen uit.

WANNEER STERREN ELKAAR ONTMOETEN

En zo ontmoette ik Betty Soldi. Ze werd mijn gids: ze sprak vloeiend Engels, droeg Prada-sneakers, zat onder de tattoos en liet letterlijk een spoor van glitter en sterren achter zich, waar ze ook ging (iedereen die haar een beetje kent zal dit bevestigen!).

'Wie heeft dit gemaakt?' vroeg ik.

Dit was het begin van de innigste artistieke samenwerking in mijn leven. Bijna elke dag ging ik naar Betty's winkel op haar uitnodiging. 'Come play!' appte ze me dan. Ik leerde facetten kennen van een wereld waarvan ik het bestaan nooit had vermoed. Soms gingen we naar een studio van een kunstenaar en leerden we over ingewikkelde schilderprocessen. Op andere dagen snuffelden we door stapels gemarmerd papier, feestbenodigdheden en confetti. Tijdens de olijfoogst werd ik uitgenodigd voor de *frangitura*: het persen van de olie. Op een gegeven moment kreeg ik het verzoek glazen kerstballen te kalligraferen voor de vuurwerkwinkel van Betty's neef en ik mocht mee naar een diner in een zilverfabriek. Sommige middagen scharrelden we gewoon rond tussen de pennen in een winkel voor kunstenaarsbenodigdheden verderop in de straat. Als het druk was in haar winkel, pakte ik cadeautjes met haar in en uiteraard strooiden we schitterende sterretjes in elk pakje.

De daaropvolgende lente hielden Betty en ik onze eerste gezamenlijke kalligrafieworkshop, in een prachtige bibliotheek met uitzicht over de rivier de Arno. De tafeltjes stonden vol met uitingen van liefde, stukjes papier en reepjes lint. In het begin voelde de energie in de ruimte als een familiereünie, maar na een paar uur daalde er een vredige stilte neer. Het was voor ons glashelder wat er gebeurde: door de kalligrafie-oefeningen kwam iedereen weer in contact met zichzelf.

Dit is wat Betty Soldi met dit boek wilde doen: ieder van ons helpen onze eigen stem te vinden, in contact te komen met ons eigen lichaam, onze adem en de wens om onze stem in deze wereld te laten horen. Je zult zien dat Betty's werk een energie en levendigheid heeft die van de pagina's af lijken te spatten.

De vruchten van Betty's werk doen wat met je, en elk woord is op zich al bijzonder. Als je een bedevaart maakt naar het universum dat Betty en Matteo in Florence hebben gecreëerd, ervaar je die energie. Haar grenzeloze verbeelding zet ons ertoe aan de wereld anders te bekijken, als plaats waar we schoonheid en mogelijkheden vinden, overal om ons heen. We zien vooral ook dat schoonheid en mogelijkheden in onszelf zitten. Om die te vinden is *inspirare* het enige wat we hoeven te doen: inademen.

Mara

↑ *Aantekeningen van mijn opa uit begin 1900 over hoe je veelkleurig vuurwerk kunt maken.*

In de ban van sterren
BEGINNEN

Mijn geluksster scheen volop toen ik werd geboren in een Florentijns gezin dat sinds 1869 met de hand vuurwerk maakt. In mijn jeugd werd ik omgeven door kruit en zwavel, zilverpoeder en het vakmanschap van het werken met papier en touw – creatieve handen die aanraakten, scheurden, kreukels en proppen maakten en explosies veroorzaakten om zo nog meer sterren aan de hemel te laten staan. Vanaf heel jonge leeftijd werd ik omringd door mensen die graag dingen met hun handen maakten.

Toen ik zeven jaar was, verhuisde ik met mijn ouders en zus van Italië naar Londen. Op mijn eerste schooldag verstond ik nog geen woord Engels, maar ik weet nog dat ik helemaal verrukt was toen de leraar het alfabet op het bord schreef. Op magische wijze zag ik krijtletters verschijnen, elk met een eigen vorm en betekenis, uiterlijk en gevoel...

Ik ben altijd dol gebleven op de vorm van letters.

← *Vuurwerk, voorbereid door mijn neef ter gelegenheid van de traditionele Scoppio del Carro met Pasen, in de Duomo van de kathedraal van Florence.*

Nu ga ik schitteren met inkt

↗ *Pirotecnica Soldi-vuurwerk op de Ponte Vecchio, Florence, 1950.*

starify

» EEN WOORD BEDENKEN DAT JE TOESTAAT ALLES TE VERRIJKEN MET SPRANKELENDE GLITTERS EN DECORATIEVE STERREN

WOORDENSMID

» IEMAND DIE MET WOORDEN WERKT,
IN HET BIJZONDER EEN VAARDIG SCHRIJVER

Ik spoel de tijd een eind vooruit: ik heb nooit veel getekend op school, maar ik was dol op krabbelen en knutselen met woorden. Ik had een nogal academische weg bewandeld, maar wilde graag in contact komen met mijn creatieve kant. Ik ging terug naar Florence voor een tussenjaar, ontdekte een ontwerperscursus en probeerde mijn gebrek aan tekenvaardigheden bij te spijkeren. Toen ik de opdracht kreeg een bloem te tekenen met willekeurig materiaal, twijfelde ik aan mijn tekenvaardigheden. In plaats daarvan schreef ik, heel inktig, *'Fiore'* in de vorm van een bloem.

'Bravissima!' (Goed gedaan!) kreeg ik te horen – en daarmee was mijn toekomst bezegeld. Ik besefte hoeveel je kunt bereiken door behalve je zwakheden ook je kracht te koesteren. Zo kun je creatievere oplossingen vinden.

Mijn liefde voor typografie leverde me een bachelorstitel op in grafisch ontwerpen en communicatie. Die titel haalde ik aan Ravensbourne, een Londens opleidingsinstituut gebaseerd op de Bauhausprincipes, met de focus op eenvoud en functie. Vakmanschap stond er hoog in het vaandel. Ik leerde kalligraferen op een manier die anders was dan gebruikelijk: ik mocht lekker los gaan en experimenteren. Hoewel het in strijd is met de Bauhausprincipes van het weglaten van versieringen, zodat heldere, functionele lijnen overblijven, houdt mijn renaissancistische ziel enorm van zowel het oude als het nieuwe.

In mijn kalligrafie en ontwerpen voor wereldwijd verkochte merken en luxueuze labels combineer ik handgeschreven letters met oude of moderne lettertypen, opvallende kleuren en unieke vintage elementen om een merk, verpakking, opzienbarende objecten en briefpapier te creëren.

Thinkings

» INKT EN GEDACHTEN

Inmiddels heb ik een ontwerpstudio en een winkel in Florence. Ik doe niet alleen aan woorden smeden op papier en verpakkingen, maar breng letters ook tot leven op aardewerk, stof, marmer, kandelaars, parfums en in interieurs. Mijn partner Matteo en ik hebben een tijdje geleden twee unieke bed & breakfast-boetiekhotelletjes gekocht in de gekke, artistieke, ambachtelijke wijk Oltrarno in Florence. We hebben elke kamer een eigen stijl gegeven en je vindt mijn kalligrafie terug op de muren, borden, kussens, ruiten... overal waar ruimte is voor handgeschreven boodschappen.

↗ *Matteo en ik*

↑ *Een kijkje in mijn ontwerpstudio annex winkel, details van een tekst op een muur in ons hotel AdAstra.*

Iedereen verzamelt mooie woorden en gedachten

WOORDEN VERZAMELEN

Ik hou van alle woorderige dingen. Ik heb ze altijd verzameld: verzamelingen van krabbels, handgeschreven letters en voorbeelden van oude drukletters om ideeën op te doen voor verschillende manieren om woorden en namen te schrijven. Hoewel je een schat aan creatieve ideeën kunt vinden op Pinterest en Instagram, raad ik je aan in het begin niet naar je scherm te kijken. Haal energie uit andere bronnen, adem woorden in die je om je heen vindt.

Tijdens mijn reizen en vooral nu ik in de prachtige artistieke stad Florence woon, kijk ik altijd omhoog en om me heen om uitgehouwen letters te zien en te ontdekken, of met de hand beschilderde votiefkaarsen in kerken en op graven. Romeinse cijfers, in marmer gehouwen letters, merkwaardige, eeuwenoude dubbele huisnummers in de straten van Florence (rood voor winkels, zwart voor huizen), authentieke uithangborden met bladgoud, prachtige putdeksels met rondlopende teksten, geïllumineerde manuscripten in musea en continue momenten van de wonderlijke wereld van woorden – die ik hopelijk ooit kan gebruiken als inktspiratie...

Dus het eerste wat je moet doen, is eropuit gaan om woorden en letters te zoeken: straatnaambordjes, menu's, winkelpuien, graffiti, slogans op T-shirts... Wen jezelf aan overal naar woorden te zoeken en creëer je eigen collectie.

Verzamelen » SELECTEREN EN COMBINEREN

De reden dat je nu dit boek leest, is de Heldenreis. Die reis maken we allemaal. Wanneer ik kalligrafieworkshops geef, zijn mensen bij aankomst vaak nerveus.
Iets nieuws en creatiefs proberen is opwindend, maar kan ook intimiderend zijn. Aan het begin van dit inktige avontuur lijkt het allemaal misschien te veel om te behappen, ben je bezorgd dat je niet goed genoeg bent of dat het je kunnen te boven gaat. Wees je bewust van die angst, en hoe vreemd het ook klinkt: probeer die angst te koesteren. Uit je comfortzone komen is de eerste stap naar echte creativiteit, en dan komen inktspiratie en motivatie in beeld...

DE REIS

Je ziet het overal, van Harry Potter tot Luke Skywalker in *Star Wars* tot Dorothy in *The Wizard of Oz*: de held verlaat zijn thuis, gaat het avontuur tegemoet, ontmoet een leraar of gids, komt in een nieuwe wereld, stuit op tegenslag, doorstaat uitdagende beproevingen, plukt de vruchten van wat hij heeft geleerd en keert terug, sterker dan tevoren. Het thema van de heldenmythe is universeel, je komt het in elke cultuur en in elke tijd tegen.

Het begon eeuwen geleden, met de *Odysseus* van Homerus en *Het Gilgamesj-epos* als vroege voorbeelden, en met een verhaal dat mij heel dierbaar is: Dantes *Goddelijke komedie*.

Doordat ik in Florence woon kom ik bijna dagelijks langs de geboorteplaats van de dichter Dante en word ik herinnerd aan zijn zuiverende reis, van het binnentreden van het duistere woud (symbolisch voor verloren zijn in het leven), van het afdalen om getuige te zijn van het karmische lot van zielen in de hel en het vagevuur, van het uiteindelijk bereiken van het paradijs aan de hand van Vergilius en zijn liefde voor Beatrice. Aan het eind van het *Inferno* (de hel) stijgen ze op '... om opnieuw de sterren te zien' – van donker naar licht, negatief naar positief, twijfel aan jezelf tot duidelijkheid. Probeer dit boek te zien als je eigen reis en zet al doende je twijfels om in zelfvertrouwen, terwijl je weer in verbinding komt met het geschreven woord. Ik hoop dat ik op de volgende bladzijden jouw inktspiratiebron mag zijn, dat ik je mag helpen op je weg naar het onthullen van je creatieve kant. Terwijl we samen reizen zien we de sterren, die zelfs overdag schijnen.

→ *Momenten uit een Florentijns leven: het uitzicht en de architectuur voeden mijn kalligrafie, ik transformeer details met inkt.*

'ALLES IS MET ELKAAR VERBONDEN DOOR ONZICHTBARE DRADEN. JE KUNT GEEN BLOEM PLUKKEN ZONDER EEN STER TE BEROEREN.' (GALILEO GALILEI)

LE COSE SONO UNITE
DA LEGAMI INVISIBILI...

Non puoi cogliere un fiore senza turbare una stella

ALLES IS MET ELKAAR VERBONDEN

Je weet hoe enorm Florence me inspireert. Ik weet dat ik geluk heb dat ik door dezelfde straten kan lopen als waar Leonardo da Vinci, Michelangelo, Dante en de Medici ooit gingen. Maar iedereen heeft zijn eigen Florence. Je hoeft enkel om je heen te kijken om het te vinden.

Waar je ook bent: je kunt geïnktspireerd raken tot scheppen en verbinden. Er is zoveel moois te maken en opnieuw te maken – en door te scheppen en je werk te delen voeg je je bij het netwerk van onzichtbare draadjes die ons verbinden met anderen die ons voorgingen.

→ *Galileo's tekeningen uit 1610 van de constellaties Plejaden en Orion en een voorbeeld van zijn handschrift. Er staat: 'de grootsheid van de sterren'.*

↘ *In een van onze hotels hangt een reproductie van een anoniem schilderij. Ik heb het citaat van Galileo er met een gouden stift op geschreven, in concentrische cirkels, om het donkere van het schilderij te verlevendigen.*

BEGINNEN * **27**

Als kind leren we allemaal schrijven. Eerst kopiëren we wat de leraar ons laat zien, zo goed als we kunnen. Soms imiteren we elementen uit handschriften van anderen, zoals op alle i's een hartje zetten. ❤

JE MAG WEER SCHRIJVEN

In onze tienerjaren en daarna verandert er van alles. Je doet je haar anders, kiest andere kleding, krijgt andere vrienden. Maar ons handschrift blijft gelijk. Erger nog: we gebruiken het steeds minder. Waar onze voorouders en ouders dagboeken en brieven met de hand schreven, houden we het tegenwoordig vaak bij e-mails en berichtjes op een smartphone. Soms pakken we alleen nog een pen om snel een boodschappenbriefje te maken of om iets op een Post-It te krabbelen. Terwijl er in onze moderne wereld toch echt ruimte zou moeten zijn voor schrijven. We vergeten dat schrijven zo enorm persoonlijk is en vooral ook zoveel krachtiger wanneer je het zelf doet. Woorden zijn al geladen met betekenis en emoties wanneer je ze uitspreekt. Dat is nog sterker zo wanneer je ze opschrijft: zichtbaar, tastbaar, gemaakt om te bewaren.

In dit boek beginnen we met je bestaande handschrift en onderzoeken we hoe je daar je persoonlijkheid in kunt uiten. Dit is niet bedoeld als handboek of handleiding (al vind ik het geweldig dat in beide woorden 'hand' staat). Zie het eerder als een conversatie, een creatieve reis die we samen maken en waarin ik wat ideeën met je deel en je stimuleer inkt aan je vingers te krijgen terwijl jij je eigen stijl ontwikkelt. Ik laat je weliswaar mijn eigen 'Alfabetty' van kalligrafische lettervormen zien, maar het is niet de bedoeling dat je net als ik leert schrijven: je wilt leren schrijven als *jezelf*. Moderne kalligrafie zou individueel en uniek moeten zijn, in plaats van dat je louter andermans lijntjes en streepjes natekent. Laat je persoonlijkheid zien in wat je schrijft en in hoe je dat doet.

Mensen trekken vaak naar me toe vanwege mijn handschrift – het valt ze op, ze bewonderen het. En dan vertellen ze me meteen dat ze zich schamen voor hun eigen handschrift. Schrijven is een vaardigheid die we allemaal hebben en toch hechten we er vaak weinig waarde aan om die te ontwikkelen, om die te transformeren van een gewoonte tot een vreugde schenkende kunstvorm die helemaal van jezelf is. Mijn handschrift is krullerig en bloeiend, iemand zei me ooit dat het mijn welvingen weerspiegelde – en daardoor vroeg ik me af of je kunt aanvoelen hoe mensen zijn door te kijken naar hoe ze schrijven. Zoals bij sterrenbeelden: zou je jezelf beter begrijpen en misschien je eigen creativiteit kunnen ontwikkelen door aan je handschrift te werken?

LATEN WE BEGINNEN MET EENS GOED NAAR JE HUIDIGE HANDSCHRIFT TE KIJKEN EN WAT EXPERIMENTEN DOEN OM TE ZIEN WAT DAT HANDSCHRIFT AAN MOGELIJKHEDEN BIEDT.

SAMEN ONDERZOEKEN WE HET DONKERE, INKTIGE WOUD VAN SCHRIJFAVONTUREN. LATEN WE NIEUWE MANIEREN ONTDEKKEN OM LETTERS TE VORMEN, NAAR WOORDEN TE KIJKEN EN OOK DE RUIMTE ERTUSSEN TE ZIEN.

magic is in your hands

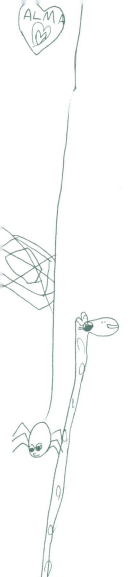

EEN CREATIEF VERMOEDEN

Heel jonge kinderen spetteren, krabbelen, zetten strepen en tekenen onbekommerd. Ze geven vorm aan vrijheid en het uiten van ideeën, gedachten en angsten. Niets wordt onderdrukt – helaas gebeurt dat later wel! Als we ouder worden raken we wat van die vrijheid kwijt en worden we meer geremd. We leren dat het 'correct' is om binnen de lijntjes te kleuren, om op een rechte lijn te schrijven, om de kantlijnen erbij te denken en om gelijke letters te maken.

Laten we eens teruggaan naar die vrijere, speelsere benadering. Op de volgende bladzijden doen we wat oefeningen om je te helpen wat losser te worden, om je persoonlijkheid de ruimte te geven op papier, samen met de inkt.

Tekeningen door Alma, 6,5 jaar oud

EVERY CHILD IS AN ARTIST

'IEDER KIND IS EEN KUNSTENAAR – HET PROBLEEM IS OM
DAT TE BLIJVEN ALS JE OPGROEIT.'
(PABLO PICASSO)

Dit is mijn handschrift

Het weerspiegelt mijn persoonlijkheid met individuele eigenaardigheden die verschijnen wanneer ik spontaan schrijf.

DIT IS MIJN BELETTERING

Handlettering is een vaardigheid die verdergaat dan het tekenen van lettervormen, zodat de letters decoratiever, persoonlijker en illustratief worden.

Dit is mijn kalligrafie

Klassieke kalligrafie is de kunst van het beheersen van traditionele lettervormen en het produceren van artistieke, gestileerde en elegante handschriften. Mijn moderne benadering hiervan is kunstzinnig schrijven, meer doordacht en bewust.

Je kunt kalligrafie beschouwen als exacte wetenschap, maar het mooie van de reis die je maakt als je je eigen kalligrafiestijl ontwikkelt, is dat het niet precies goed of perfect hoeft te zijn. Veel is intuïtief en je zult boeiende fouten maken terwijl je leert en probeert een nieuwe vrije vorm en een bloeiende schrijfstijl te ontwikkelen, waarbij je jezelf ruimte geeft voor imperfectie en unieke eigenaardigheden die karakteristiek zijn voor jou.

Ik hou ervan dat je kunt spelen met woorden, dat ze meerdere betekenissen hebben en vooral dat ze wanneer ze geschreven zijn, impact hebben, blijvend zijn. De perfecte combinatie van woorden, hoe die ook zijn geschreven, is krachtig en persoonlijk en lokt emotie uit. Mijn partner en ik hebben nog altijd brieven die we elkaar dertig jaar geleden schreven. Op een dag gebruiken we die misschien als behang in ons droomhuis.

*Een voorbeeld van het handschrift van Michelangelo, rond 1550.

MOEITELOOS KOST MOEITE

De machtige, visionaire Florentijnse familie de' Medici had een oxymoron als een van de familiemotto's:

Letterlijk: 'haast je langzaam'. Filosofisch betekent het iets als 'vooruitgaan en groeien, maar uiterst bedachtzaam en zorgvuldig'.

Als ik schrijf, doe ik dat supersnel, instinctief en zelfverzekerd. Het ziet er moeiteloos uit, maar het heeft inspanning, toewijding, aandacht en tijd gekost. Door ervaring heb ik geleerd te anticiperen op de volgende beweging en me voor te stellen hoe ik ruimtes wil vullen. Maar zo ging het niet altijd. Zorg dat je het rustig aan doet als je meer gaat schrijven, zodat je hoofd je handbewegingen bij kan houden en je niet iets onleesbaars maakt. Probeer een flow te vinden, een ritme, consistente bewegingen in het vrij vormen van letters. Wat mij het meest opwindt, is dat mijn handschrift zich blijft ontwikkelen. Het is als een vallende ster: ik laat me erdoor meevoeren. Een deel is vaardigheid, maar het grootste deel bestaat uit vertrouwen, loslaten, koesteren en het houden van de verrassing van wat zich aan moois zal ontvouwen.

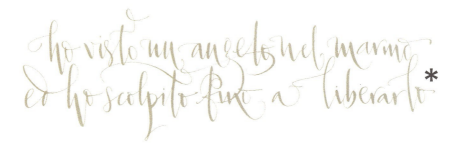

*'IK HEB DE ENGEL IN HET MARMER GEZIEN EN IK HEB GEHOUWEN TOTDAT HIJ DE VRIJHEID KREEG' (MICHELANGELO BUONARROTI)

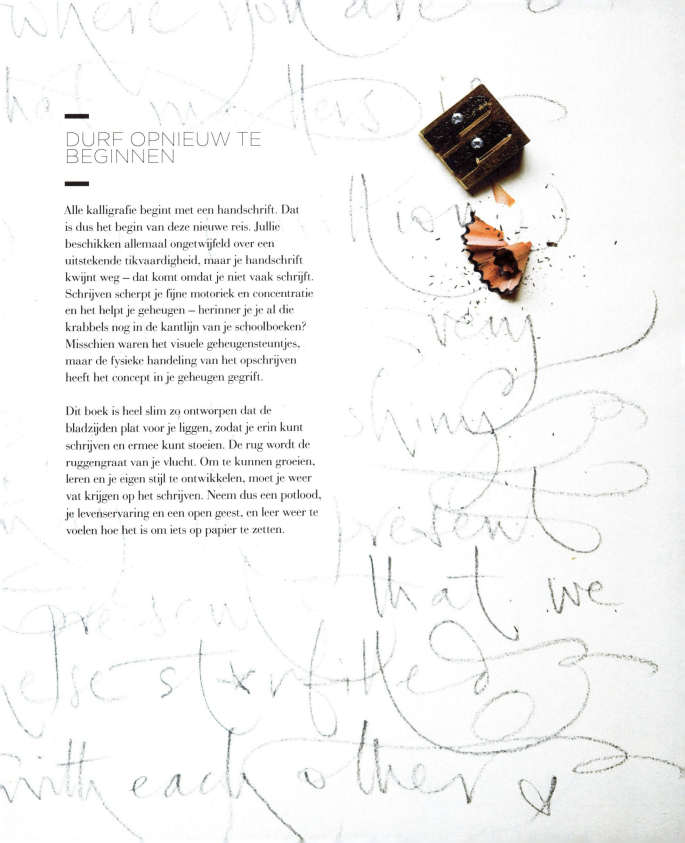

DURF OPNIEUW TE BEGINNEN

Alle kalligrafie begint met een handschrift. Dat is dus het begin van deze nieuwe reis. Jullie beschikken allemaal ongetwijfeld over een uitstekende tikvaardigheid, maar je handschrift kwijnt weg – dat komt omdat je niet vaak schrijft. Schrijven scherpt je fijne motoriek en concentratie en het helpt je geheugen – herinner je je al die krabbels nog in de kantlijn van je schoolboeken? Misschien waren het visuele geheugensteuntjes, maar de fysieke handeling van het opschrijven heeft het concept in je geheugen gegrift.

Dit boek is heel slim zo ontworpen dat de bladzijden plat voor je liggen, zodat je erin kunt schrijven en ermee kunt stoeien. De rug wordt de ruggengraat van je vlucht. Om te kunnen groeien, leren en je eigen stijl te ontwikkelen, moet je weer vat krijgen op het schrijven. Neem dus een potlood, je levenservaring en een open geest, en leer weer te voelen hoe het is om iets op papier te zetten.

OM TE BEGINNEN DOEN WE IETS HEEL EENVOUDIGS – ZET HIER POTLOODSTREPEN – PRECIES: SCHRIJF IN DIT BOEK EN MAAK HET JE EIGEN!

Vul deze ruimte met lijnen: hobbelig, recht, hoe ze ook uit je potlood rollen.
Let op de lijnen en de ruimtes ertussen.

EEN **LIJN** IS EEN **STIP** DIE UIT WANDELEN IS GEGAAN... (PAUL KLEE)

▬

Als je begint te spelen met kalligrafie, zul je merken dat de ruimtes en vormen tussen de letters en woorden even boeiend zijn als de letters zelf.

Schrijf wat woorden op, heel k l e i n.

▬

Schrijf nu één woord op, HEEL GROOT.

▬

HOE VERANDERT JE HANDSCHRIFT ALS JE DE GROOTTE AANPAST?
WAT VOELT PRETTIGER?

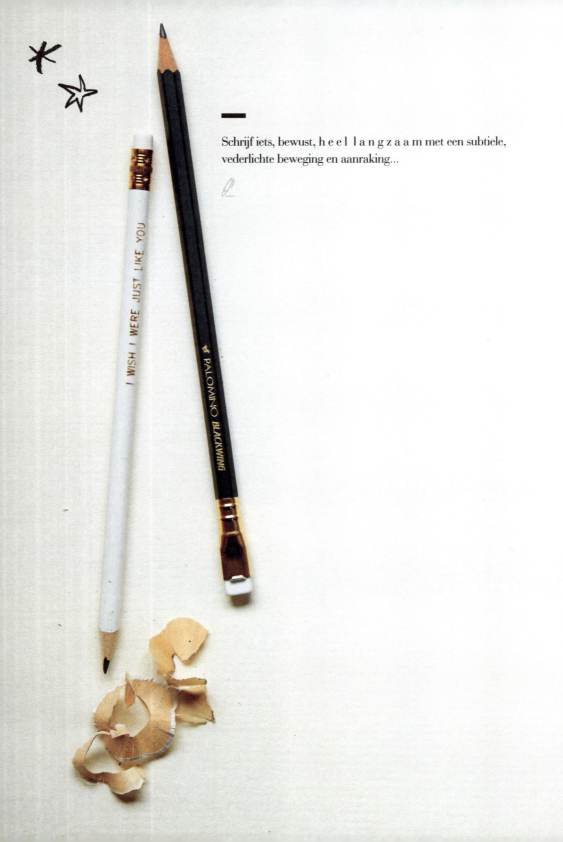

—

Schrijf iets, bewust, h e e l l a n g z a a m met een subtiele, vederlichte beweging en aanraking...

—

... en schrijf nu supersonisch snel! Oefen druk uit om woorden donkerder te maken.

—

WAT DOET DIT MET JE HANDSCHRIFT?
WAT VOELT NATUURLIJKER?

—

Teken overal wat sterretjes.

—
Schrijf hier iets met je ogen dicht.

—
LIJKT HET NOG STEEDS OP JE HANDSCHRIFT?

sinistra » **LINKS** IN HET ITALIAANS, VAN HET LATIJNSE 'SINISTER': SCHADELIJK OF SLECHT. WANT OOIT DACH MEN DAT DE DUIVEL WERD GEASSOCIEERD MET DE 'SLECHTE' LINKERHAND...

—

Schrijf hetzelfde nog eens op met je ogen open, maar gebruik je andere hand.

—

HOE VOELT HET OM MET JE 'VERKEERDE' HAND TE SCHRIJVEN? IS ER IETS AAN DE LETTERS WAT JE ER LEUK UIT VINDT ZIEN? JE HEBT HIER MINDER CONTROLE, DAT KAN BETEKENEN DAT ER IETS NIEUWS GEBEURT…

dextra » **RECHTS** IN HET ITALIAANS, VAN HET LATIJNSE 'DEXTRUM'

Het is tijd om van potlood over te stappen op inkt. Als je dacht dat je allerhande speciale gereedschappen nodig zou hebben, moet je weten dat iedere kalligraaf is begonnen met een potlood of eenvoudige pen. Om te focussen op je kennis en vaardigheid in lettervormen beginnen we met een vulpen. Doe mee!

Wabi Sabi

» SCHOONHEID DIE IMPERFECT, NIET BLIJVEND EN INCOMPLEET IS

Voordat we beginnen wil ik iets kwijt. Perfectie wordt overschat. Authenticiteit heeft veel meer schoonheid. Met de hand geschreven fouten zijn moeilijk te herhalen en moeten als zodanig worden gekoesterd. In de Japanse kunstvorm *Kintsugi* worden gebroken objecten gerepareerd met goud: gebreken worden gezien als onderdeel van de geschiedenis van een object, niet als iets om te verschuilen. De schade wordt niet verborgen, de reparatie wordt letterlijk versierd. Het toont aan dat schoonheid overal is – zelfs, of vooral, in het imperfecte – dus ontspan en zie wat er gebeurt.

↗ *Een zeldzame antieke, hartvormige houten lijst was gevallen en gebroken. Ik heb hem gerepareerd met pleisters, zodat het onderdeel werd van de schoonheid. En ik heb rechtstreeks op de muur geschreven – je hebt geen glas nodig...*

CREATIVITEIT IS INTELLIGENTIE DIE PRET HEEFT

Klaar om een schitterend zooitje te maken?

Kom weer in contact met wat en hoe je schrijft, als expressie van jezelf. Het is nooit te laat om deze artistieke onderneming aan te vangen. Sta jezelf toe een beginner te zijn. Daarvoor is moed nodig en er kan troep ontstaan. Letterlijk.

Laten we met inkt gaan knoeien…

In dit boek heb ik titels en citaten geschreven met een kroontjespen, met een flexibele punt die ik in een flesje inkt doopte. Daar kun jij later mee experimenteren. Voor deze oefeningen en de alfabetletters die nu volgen, gebruik ik een gewone vulpen – net als jij.

Misschien ben je wat huiverig om met pen op deze bladzijden te schrijven. Hier volgen wat oefeningen om je angst dat het een rommeltje wordt weg te nemen. Doe een nieuw patroon in je vulpen en schud er dan mee heen en weer, met de dop eraf. Zo gaat de inkt stromen en ontstaat je eigen spettermeesterwerk.

splash » BETER 'OEPS' DAN 'WAT ALS...'

Rorschach

» JE EIGEN INTERPRETATIE VAN INKTVLEKKEN

1
Vouw deze bladzijde dubbel over het streepjeslijntje en vouw weer open.

2
Schud de pen met de dop eraf boven deze bladzijde totdat je veel vlekken hebt.

3
Vouw de bladzijde, druk goed aan en zie hoe er symmetrische inktvlekken ontstaan. Laat drogen.

DIT IS EEN STUKJE VAN JEZELF WAARVAN JE HET BESTAAN WAARSCHIJNLIJK NIET EENS KENDE!

Terugkeren naar het begin is vaak moeilijker dan gewoon je weg vervolgen. Stel je voor dat je voor het eerst naar yogales gaat. Je hebt weinig zelfbewustzijn of beheersing over je bewegingen. Je trilt als je probeert een houding vast te houden, je hebt geen idee wat je met je adem moet... maar gaandeweg word je leniger in je geest en je lichaam, word je sterker en leer je je adem te gebruiken als instrument voor zachte kracht en om los te laten.

Bij kalligrafie gaat het net zo. Leren hoe je erbij bent, onvolkomenheden leren beheersen en ze je eigen maken: dat geeft je een basis om je unieke stijl van een modern handschrift op te bouwen. Het zal je verbazen wat er gebeurt wanneer je uiteindelijk beseft dat perfectie overschat is, en dat jij al genoeg bent. Iets anders proberen is een uitdaging – en vreselijk leuk als dat inhoudt dat je zwarte inkt over een witte bladzijde mag kliederen...

handwriting

Ieder van ons heeft een eigen kalligrafische stijl die bestaat uit losse componenten. Laten we eens naar je handschrift kijken, dat 'wezen' dat we in ons dragen:

handwriting

Hoe schuin schrijf je? Naar welke kant hangen je woorden? Is dat afhankelijk van je stemming? Als je rechtop schrijft, speel dan eens met een andere hoek – achterover en voorover (in de grafologie betekent een voorwaartse hoek dat je openstaat voor nieuwe ervaringen... en nu je hier nu toch bent!).
Als je meestal schuin schrijft, hoe voelt het dan als je recht of achterover schrijft?

handwriting

WAT IS DE VORM VAN JE LETTERS?

Rond (ben je creatief en artistiek?)

Puntig (ben je intens en nieuwsgierig?)

HOE IS DE SPATIËRING TUSSEN JE LETTERS?

Hierbij gaat het om de hoeveelheid 'lucht' die je elke letter geeft wanneer je een woord schrijft – mijn letters staan gezellig dicht op elkaar, als lekker opgerolde katten.

spatiëring

▬

Stel je voor dat je letters toeristen zouden zijn. Hoe zouden ze reizen: met een raket naar de maan? Of op de rug van een slak?

▬

Schrijf de naam van je favoriete vakantiebestemming. Begin snel, alsof je je haast om er te komen. Schrijf je letters dan langzamer, alsof je bent aangekomen en je kunt gaan ontspannen.

Het begint allemaal met inkt, vloeibaarheid, je punt maken. Welke plaatsen of momenten in je leven hebben jou het grootste gevoel van vrijheid en flow gegeven – een specifieke plek in de natuur misschien? Denk aan een favoriete vorm, krabbel of symbool, iets wat f l o w belichaamt en iets voor je betekent.

Misschien laat ik deze krabbel wel als tattoo zetten. Hoe zou jouw tattoo eruitzien?

Nu doen we iets houterigs. Schrijf een paar woorden op, allemaal in kapitalen en verticaal, zoals ze in veel oosterse talen ook doen.

INKTSPIRATIE

De handeling of kracht van het beroeren van de wijsheid van emotie, een goddelijke invloed uitgeoefend op geest en ziel.

inhale the present

GEÏNKTSPIREERD

Het gevoel dat je iets wilt doen en het ook kunt – een creatieve impuls om inktige schrijfsels en woorden te produceren.

VEERTJES TEKENEN

Veertjes tekenen met inkt is een opwarmoefening om je hand, arm en pols in beweging te krijgen zonder je meteen al zorgen te hoeven maken over lettervormen.

In het begin denk je na bij wat je doet, totdat je jezelf uiteindelijk verliest in de herhaling.

Trek de lijntjes hiernaast over, vul daarna bladzijde na bladzijde met steeds snellere streepjes die je zelf maakt.

Het plezier van mindful bewustzijn blijft voortduren, zelfs als je er uiteindelijk mee ophoudt.

Laat het gebeuren.

DOE DIT TERWIJL JE LUISTERT NAAR JE FAVORIETE MUZIEK, MET DOOR DE RUITEN NAAR BINNEN STROMEND LICHT OF BIJ HET LICHT VAN EEN KAARS.

VERGEET NIET TE ADEMEN, TE GLIMLACHEN EN TE GENIETEN.

WARMING-UP

Maak wat snelle lijntjes van onder naar boven.

Verbind ze nu met elkaar, met streepjes van bovenaf en van onderaf gemaakt, die elkaar in het midden ontmoeten.

Doe hetzelfde, maar meer krullend.

Verbind ze weer met elkaar – gesloten... en open.

Maak nu een gevederde pijl, klaar om naar voren te schieten...

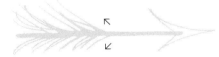

Vederlicht

Speel met licht en zware streken van je pen, om je eigen soort veren te maken.

Jump and you will learn to unfold your wings as you fall

—

Vul deze ruimte met telkens hetzelfde woord of met een doorlopende stroom van bewuste gedachten zonder punten of komma's. Probeer je pen niet van papier te halen. Kom in een herhalend ritme, zonder oordeel over wat en hoe je schrijft. Denk alleen aan de f l o w.

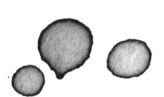

ONTSPAN – JE KUNT NIETS ECHT BEHEERSEN...

Men beweert dat Leonardo da Vinci met één hand kon schetsen terwijl hij met de andere schreef. Wow! Als je speels en op verschillende manieren kijkt naar inktigheid, verandert dat je kijk op hoe en wat je schrijft. Loslaten is noodzakelijk om ruimte te maken voor nieuwigheid.

Nu gaan we eens kijken hoe we de inktpen kunnen gebruiken om op verschillende manieren kalligrafische lettervormen te maken. Beweeg naar voren, omhoog, langzaam maar zeker en voed je zelfvertrouwen...

**LAAT ALLES LOS...
ONTDEK WAT BLIJFT**

Een belangrijk aspect wanneer je begint met schrijven is je intentie. Je neemt er de tijd voor, terwijl je ruimte en bewustzijn schept: dit doe je voor jezelf. Koester het. Zitten in de juiste houding helpt je om je letters vloeiender te laten gaan. Het is dan ook gemakkelijker om in de buurt te komen van wat je wilt bereiken.

VERBINDEN

BEGIN — Ga rechtop zitten met beide voeten op de vloer. Voel je geaard en verbonden met de aarde.

MERK OP — Kijk naar de richting van je lichaam ten opzichte van het papier – probeer recht te blijven zitten. Je kunt het papier draaien in de richting die voor jou het prettigst voelt.

RUIMTE — Ontspan je schouders, rol ze omhoog en omlaag.

ZIE — Laat je hoofd van de ene naar de andere kant gaan. Kijk nu naar voren en omlaag, gefocust.

GA ERVOOR ZITTEN — Ga richting de rand van je stoel zitten. Dat helpt je om je rug recht te houden.

BALANS — Schud je armen uit en leg ze rustig neer, met de onderarm van je schrijfhand klaar om te glijden op borsthoogte.

— Van je hart naar je hand.

♥ Houd je pen bewust vast: het is een verlengstuk van jezelf.

DENK Onthoud dat je moet ademhalen.

ZUCHT Ontspan, lach vanbinnen, klaar om de sprong te wagen, klaar om te doen en te zijn.

JA

ONDERZOEK HOE JE SCHRIJFT

Verzamel verschillende pennen om uit te proberen. Mijn favorieten zijn altijd vintage vulpennen geweest die ik op antiekmarkten vond. De puntjes zijn al wat zachter door alle verhalen die ze hebben geschreven. Ik stel me graag voor dat een pen zich elk woord herinnert, dat een pen leest wat jij denkt en zegt.

Er zijn zoveel verschillende lettervormen om te ontdekken – van klassieke handschriften tot typletters, street art en graffiti. Er zijn minstens zoveel handleidingen en stap-voor-stapgidsjes waarmee je al die verschillende letters kunt leren maken. Vaak leggen ze precies uit wat je moet doen. Maar eigenlijk zou het proces minder over het 'hoe' moeten gaan en meer over jou! De manier waarop je persoonlijke kalligrafiestijl zich zal ontwikkelen, is afhankelijk van hoe je het proces benadert.

Je doel? De maan! Als je die mist, kom je nog altijd tussen de sterren...

» STAREN IN HET NIETS, STERREN KIJKEN

Bedenk dat als het jou niet uitdaagt, het je ook niet verandert – en dat is juist wat we willen. Met geduld en oefening scherp jij je manier van denken aan, werk je aan je hand- en spiergeheugen en vóór alles train je je oog om te kijken, op te merken en je te verbeteren. Zie de lijnen die je maakt, de ruimtes, de balans ertussen, de richting: wanneer je verandert hoe je naar dingen kijkt, veranderen de dingen waar je naar kijkt.

ALFABETTY

Mijn Alfabetty is een verzameling letters die mijn kalligrafiestijl omvat, het is uniek voor mij. Als jij het alfabet zodanig aanpast dat het jouw eigen handschrift voedt, worden de letters ook uniek en waardevol voor jou.

Tot aan de renaissance, in de vijftiende eeuw, werden in handschriften in wezen geen lussen gebruikt, alleen om letters te verbinden. Dat veranderde toen Italiaanse penkunstenaars populairder werden ('Italic' – cursief – betekent letterlijk 'in de stijl van oud Italië'). Om de schrijfsnelheid te verhogen werden de letters in renaissancistische handschriften aaneengeschreven: de pen werd minder vaak opgetild. Cursief (aaneenschrijven op een vloeiende manier, bedoeld om sneller te schrijven) is afgeleid van het middeleeuws-Latijnse *cursivus*, wat letterlijk 'rennen' of 'haasten' betekent.

De kalligrafie beleeft nu een eigen, moderne renaissance. Hoewel ik eerbied heb voor klassieke schrijfstijlen, waarbij het doel uniformiteit en perfectie is, is mijn persoonlijke stijl losser, spontaner en continu in verandering. 'Moderne kalligrafie' zoals we die nu kennen is cursief en bijna altijd schuin, naar voorbeeld van Amerikaanse manieren van schrijven. Mijn eigen kalligrafie is echter eerder recht dan schuin. Ik vind het fantastisch dat de kunst van met de hand schrijven opnieuw wordt gebruikt, als daad van zelfonderzoek en vrijgevigheid van geest, om gedachten en ideeën te delen en liefdesbriefjes uit te wisselen op echt papier.

HET MOOIE IS DAT ER GEEN GOED OF FOUT IS WANNEER JE EEN EIGEN, EIGENTIJDSE STIJL ONTWIKKELT. JE HOEFT ER ALLEEN MAAR VOOR OPEN TE STAAN EN VERSCHILLENDE MANIEREN VAN SCHRIJVEN UIT TE PROBEREN.

Je moet wel wat basisvormen leren kennen voordat je lekker los gaat met flamboyante krullen, dus probeer verschillende vul- of kroontjespennen totdat je er eentje hebt gevonden die goed voelt. Ik raad je aan een pen te kiezen waar de inkt soepel door stroomt, met een lichte grip en een lichte aanraking op het papier. Zo maak je de kans op vermoeide spieren en kramp zo klein mogelijk. Zoals voor alles geldt ook hier dat je spieren moet trainen om beter te worden.

» VARIATIE IS GOED VOOR DE ZIEL EN ER ZIJN HEEL VEEL VERSCHILLENDE MANIEREN OM LETTERS TE VORMEN

← *Een bedrukt lederen 'just inkase' etui, een samenwerking met Edition Poshette. De letters zijn mijn Alfabetty van A tot Z.*

Voordat we beginnen vraag ik je om geduld met jezelf te hebben, en met dat wat je koestert. Het proces is voor iedereen anders, dus neem de tijd om uit te zoeken wat voor jou het beste werkt. Ik geef je tips over verschillende manieren om lettervormen te maken, maar bij creativiteit is er eigenlijk geen goed of fout: wat je ontwikkelt is nieuwsgierigheid, potentieel, expressie en groei. Kopieer naar behoefte uit mijn moderne handschrift en visuele verwijzingen, trek de grijze letters rechtstreeks op de bladzijden over of leg op elke bladzijde een half A4'tje overtrekpapier zodat je telkens opnieuw over dezelfde letters heen kunt gaan. Maar beperk jezelf niet tot alleen maar kopiëren. Heb je 'mijn' manier een paar keer geprobeerd en heb je meer vaardigheid en zelfvertrouwen ontwikkeld, dan begin je meer als 'jezelf' te schrijven en je eigen stijl vast te stellen. Door oefening ontwikkel je je zelfvertrouwen en nieuwsgierigheid. Je wordt sneller en sterker, het wordt gemakkelijker en je leert houden van je eigenaardigheden. Voel die vonk van creatieve energie in jezelf en geef een stukje persoonlijke magie aan het alledaagse.

SCHRIJVEN IS DENKEN MET JE VINGERTOPPEN

Het creatieve proces is de inspiratie. Je bent er, je bent op weg. Gebruik de vorm van mijn letters als basis om variatie in je eigen schrijven te brengen – eerst voelen ze wat gekunsteld aan omdat ze een nieuwe manier vormen van denken met je vingertoppen, en je hoofd wil dingen blijven doen zoals je altijd hebt gedaan.

JE VOORUITGANG ZIT VEEL MEER IN LOSLATEN DAN IN BEHEERSING.

Al doende ontdek je dat je iets kunt waarvan je niet besefte dat je het kon en hoe meer je het doet, hoe beter je het kunt. Oefening maakt je niet perfect, maar helpt je wel vooruit – in je eigen tempo, op je eigen manier.

'Je bent je eigen leraar.

Zoeken naar leraren lost je eigen twijfels niet op.

Kijk in jezelf om de waarheid te vinden – vanbinnen, niet vanbuiten.

Jezelf kennen is het allerbelangrijkst.

Het hart is het enige boek dat het lezen waard is.'

(Ajahn Chah)

WE GAAN BEGINNEN...

BIJ MIJN A-TOT-Z-LETTERS DRAAIT HET NIET OM ACADEMISCHE PERFECTIE, MAAR OM JOU KLAAR TE STOMEN VOOR NIEUWE MANIEREN VAN SCHRIJVEN.

-
KIJK GOED NAAR MIJN ZWARTE LETTERVARIATIES IN HET GEHEEL: ZE GAAN VAN STRAK NAAR GRILLIGER. VEEL MODERNE HANDLEIDINGEN IN KALLIGRAFIE GEBRUIKEN PIJLTJES OM TE LATEN ZIEN WAAR JE EEN LETTER BEGINT OF VOORTZET. IK ZET SOMS ERGENS EEN STERRETJE NEER (*) ALS INDICATIE VAN EEN BEGINPUNT, MAAR IK GEEF JE DE VRIJHEID ZO TE SCHRIJVEN ALS JIJ HET PRETTIGST VINDT.

-
TREK DE GRIJZE LETTERS OVER EN HERHAAL DIE LETTERS OP DE BETREFFENDE BLADZIJDE. BLIJF DAARMEE DOORGAAN OP LOSSE VELLEN PAPIER TOTDAT ZE JE MEER VERTROUWD ZIJN GEWORDEN...

DE **A** MAKEN

ALFA = DE EERSTE LETTER VAN HET GRIEKSE ALFABET, IN ONS ALFABET GESCHREVEN ALS 'A'
ASTRA = DE EERSTE (MEESTAL HELDERSTE) STER IN EEN CONSTELLATIE

DE **B** EN DE **P** MAKEN

DE ANATOMIE VAN
DEZE LETTERS,
DE **B** EN DE **P**,
KENT VEEL
OVEREENKOMSTEN

DE **C** EN DE **E** MAKEN

✦ DEZE BEIDE LETTERS ZIJN EEN EN AL KRULLEN!

DE **E** IS DE MEEST VOORKOMENDE LETTER IN HET NEDERLANDSE ALFABET

DE **D** MAKEN

DE **F** MAKEN

◄◄ FRISSE EN **F**LEURIGE **F**RAAIHEID!

ALFABETTY * 81

DE **G** MAKEN

↗ SPELEN MET DE STAART VAN DE **'G'** IS EEN VAN MIJN FAVORIETE TYPOGRAFISCHE AVONTUREN

DE H EN DE K MAKEN

ALFABETTY

—

Blijf denken aan letters en vormen om mee te spelen. Kijk welke structuren of lettervormen je aanspreken wanneer je begint met het ontwikkelen van een keur aan manieren om dezelfde letter te schrijven.

Houd je handen opgewarmd en losjes door de lussenoefeningen hieronder over te trekken. Maak ze dan uit de losse hand en kijk of je de hele regel over kunt trekken.

—

Er zijn heel veel prachtige inktkleuren in omloop, maar ik hou van een diep, duister, inktig zwart!

'INKT': DE ZWARTE DRANK WAAR MENSEN MEE SCHRIJVEN – SAMUEL JOHNSON IN *A DICTIONARY OF THE ENGLISH LANGUAGE*, 1755.
VAN HET OUDE FRANSE *ENCRE*: 'DONKERE SCHRIJFVLOEISTOF' (12C.) OORSPRONKELIJK *ENCA*, VAN HET LATIJNSE *ENCAUSTUM*: 'INBRANDEN'. HET GEBRUIKELIJKE WOORD VOOR 'INKT' IN HET LATIJN WAS *ATRAMENTUM*, WAT LETTERLIJK BETEKENT 'ALLES WAT DIEN OM ZWART TE VERVEN' EN AFKOMSTIG IS VAN HET WOORD *ATER*: ZWART. HET GRIEKSE WOORD WAS *MELAN* EN HET OUD-ENGELSE WO WAS 'BLÆC', WAT OOK BEIDE 'ZWART' BETEKENT. HETZELFDE PATROON IS TERUG TE ZIEN IN HET ZWEEDS (BLÄK) EN HET DEENS (BLÆK

DE **I** EN DE **J** MAKEN

DE **STIP** BOVEN DE ONDERKAST I & J WORDT 'TITTEL' GENOEMD.

Schrijf een brief

DE **L** MAKEN

EEN **ALFABET** IS EEN SYSTEEM, EEN LIJST VAN SYMBOLEN OM TE SCHRIJVEN. DE ELEMENTAIRE SYMBOLEN IN EEN ALFABET HETEN LETTERS EN ELKE LETTER IS EEN SYMBOOL VOOR EEN KLANK OF VERWANTE KLANK. OM HET ALFABET BETER TE LATEN FUNCTIONEREN HEEFT DE LEZER DE BESCHIKKING OVER HULPTEKENS: PUNTEN, SPATIES ETC.

DE **M** MAKEN

4000 JAAR GELEDEN TEKENDEN DE EGYPTENAREN EEN GOLVENDE LIJN ALS HIËROGLIEF VOOR 'WATER'. HET SYMBOOL WERD VEREENVOUDIGD DOOR DE FENICIËRS TOT EEN '**M**', ALS LETTER IN HUN ALFABET OPGENOMEN EN 'M' GENOEMD, NAAR HUN WOORD VOOR WATER: MEM.

88 * ALFABETTY

DE **N** MAKEN

ZORG DAT JE AF EN TOE PAUZE NEEMT OM **JAZZ HANDS** TE MAKEN: JE SCHRIJFHAND OPENEN EN SLUITEN OM PIJN OF KRAMP TE VOORKOMEN...

ALFABETTY

DE O EN DE Q MAKEN

DE O EN DE Q
HEBBEN VEEL
OVEREENKOMSTEN
IN DE OPBOUW

DE LETTER 'O' IS
GEÏNSPIREERD
DOOR DE RONDE,
OOGVORMIGE,
EGYPTISCHE
HIËROGLIEF VOOR
'OOG' EN DIENT NOG
ALTIJD ALS OMTREK
VAN DE PUPIL...

**EYE SEE YOU!!!
GA ZO DOOR...**

DE **R** MAKEN

DE **SIGNATUUR** VAN ELISABETH I VAN ENGELAND IS EEN VAN DE BEROEMDSTE VOORBEELDEN IN DE GESCHIEDENIS EN WORDT VAAK GEBRUIKT DOOR GRAFOLOGEN OM EEN RIJKE, STATIGE, FLAMBOYANTE STIJL TE LATEN ZIEN. IN DE ZESTIENDE EEUW WAS DIE STIJL ECHTER NORMAAL ONDER MENSEN DIE HUN POSITIE OF STATUS MOESTEN VERTEGENWOORDIGEN.

Kijk naar de prachtige uithalen aan de 'E', de 'b' en de 'R'.
Die laatste letter staat voor 'Regina', wat Latijn is voor 'koningin'.

espresso

DE **S** MAKEN

Stop even met waar je mee bezig bent – het is koffietijd! En tijd voor krullerige sssss-oefeningen:

DE **T** MAKEN

DE **U**, DE **V** EN DE **W** MAKEN

DE **W** HEET IN HET ENGELS 'DOUBLE **U**' EN IS IN FEITE LETTERLIJK EEN DUBBELE **U**. PAS IN 1700 WERD DE **W** EEN ECHTE LETTER!

ALFABETTY * 95

DE **Y** MAKEN

DE **X** EN DE **Z** MAKEN

DE '**X**' DIE WE BIJ WIJZE VAN KUS ONDER TEKSTEN KRABBELEN, GAAT TERUG TOT DE MIDDELEEUWEN TOEN EEN CHRISTELIJK KRUIS OP DOCUMENTEN WERD GETEKEND OM GELOOF EN EERLIJKHEID TE UITEN, GEVOLGD DOOR DE KUS DIE AAN HET KRUIS OP JEZUS' VOETEN WERD GEGEVEN.

ALFABETTY * 97

DE **&** EN **DE REST** MAKEN

DE AMPERSAND IS EEN LOGOGRAM: **'&'** EN STAAT VOOR HET ENGELSE 'AND'. HET SYMBOOL WERD VAAK TOEGEVOEGD AAN HET ENGELSE ALFABET ALS DE 27E LETTER EN WANNEER SCHOOLKINDEREN HET ALFABET MOESTEN OPZEGGEN, ZEIDEN ZE '... X, Y Z AND PER SE & (AND)'. 'PER SE' BETEKENT 'OP ZICHZELF', EN HET WERD TOEGEVOEGD OM DE VERWARRING TE VERMIJDEN DIE ZOU ONTSTAAN ALS ZE 'AND AND' ZOUDEN ZEGGEN. ZO WERD 'AND PER SE AND' VERBASTERD TOT 'AMPERSAND'. HET SYMBOOL ZELF IS EEN LIGATUUR (EEN SAMENSMELTING VAN TWEE OF MEER LETTERS) EN IS AFKOMSTIG VAN DE LETTERS 'ET': LATIJN VOOR 'AND' OF 'EN'.

IK GEBRUIK DE & HEEL GRAAG WANNEER IK EEN NAUWER VERBAND WIL AANGEVEN DAN IK MET 'EN' KAN.

ROMEINSE CIJFERS WORDEN GESCHREVEN MET LETTERS UIT HET ALFABET:

	I	V	X	L	C	D	M
	1	5	10	50	100	500	1000

98 * ALFABETTY

Hopelijk begin je je iets losser te voelen in je schrijven. Het zal even duren voordat je een ontspannen, vloeiend handschrift vindt, maar als je verder oefent en de verschillende lettervormen naschrijft, begin je alternatieve lettervormen te visualiseren die je in je eigen schrijfstijl kunt inbrengen. Let op veranderende hoeken, breedtes, hoogtes, zwierigheid – en ook op het gebruik van verschillende pennen, van balpennen die je aan de achterzijde kapot hebt gekauwd tot stiften, van dunne markeerstiften tot vulpennen. Merk op dat elk schrijfgerei anders voelt tijdens het schrijven en dat het een specifiek karakter meegeeft aan je handschrift.

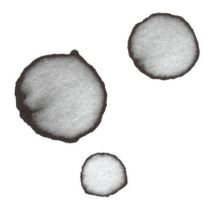

Als je alle letters van het alfabet achter elkaar zet, kan het lijken op één enkel, lang woord…

Laten we nu eens spelen met het samenvoegen van letters, wat krullerige zwierigheid oefenen... elke letter is een spannende gelegenheid om een nieuwe woordvorm te laten ontstaan.

Sommige letters lenen zich, wanneer je ze samen gebruikt, voor heerlijke zwierigheid en speelse kansen:

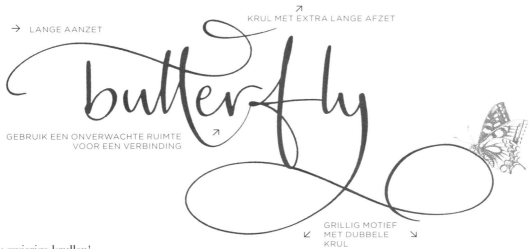

Oefen nu zwierige krullen!

Hier zie je suggesties voor het plaatsen van zwierige krullen om een woord elegant en sierlijk te benadrukken. Het begin of eind van een woord is een schitterende gelegenheid voor een extra versiering.

Midden in een woord heb je aan kop of romp soms mooie kansen, zoals hier:

Maar ook aan de onderkant van een staart:

Denk ook altijd aan het verband tussen letters, woorden en een hele zin:

CREËREN

Dit zijn wat van mijn favoriete letters omdat ze ruimte geven voor zwierigheid in de dwarsstreepjes en staarten:

LEKKER LOS GAAN

Nu gaan we kijken hoe we je repertoire kunnen uitbreiden! Laten we wat vlinders in hun natuurlijke habitat plaatsen en kijken op welke kalligrafische manieren we met de natuur kunnen spelen:

CREËREN

VOEG BLADELEMENTEN TOE

DRAAI DE BLADZIJDE TIJDENS HET SCHRIJVEN ZODAT JE IN DE VORM VAN EEN VLINDER KUNT SCHRIJVEN

VOLG HET PAD VAN DE FLADDERENDE VLEUGELS MET WOORDEN

OMRING WOORDEN MET FLEURIGE KRANSEN

LAAT IETS GROEIEN WAAR JE DE PEN NEERZET

106 * ALFABETER

WAT SCHRIJF JE?

CREËREN

Tijdens workshops, wanneer mensen hun schrijfstijl ontwikkelen, lopen ze soms vast omdat ze behalve hun naam niet meer weten wat ze moeten schrijven – vooral wanneer er een groot wit vel voor hen ligt.
WAT JE SCHRIJFT IS MINSTENS ZO'N BELANGRIJK DEEL VAN JOU ALS HOE JE SCHRIJFT.

Citaten verzamelen van je favoriete kunstenaars is een prachtige manier om gedachten en emoties te uiten die je in jezelf blijft herhalen – hetzelfde geldt voor songteksten of alles wat iets voor je betekent. Een andere goede manier om kalligrafisch te spelen is het uitschrijven van pangrams. Dat zijn zinnen die heel knap alle letters uit het alfabet gebruiken, terwijl ze nog altijd een enigszins zinvolle betekenis hebben!

Ze zijn heel leuk om te schrijven, zelfs in talen die je niet begrijpt: het is een manier om woorden naast elkaar te zetten. Trek de voorbeelden over en probeer ze daarna op een los vel te schrijven met je eigen eigenaardigheden, die je nu steeds meer ontwikkelt:

ENGELS » DE SNELLE BRUINE VOS SPRINGT OVER DE LUIE HOND

the quick brown fox jumps over the lazy dog

FRANS » BRENG DEZE OUDE WHISKY NAAR DE ROKENDE RECHTER

portez ce vieux whisky au juge blond qui fume

DUITS » 'SNEL SCHWYZ!' SCHREEUWT JÜRGEN ONNOZEL VANAF DE PAS

"Fix, Schwyz!" quäkt Jürgen blöd vom Paß

NEDERLANDS » WILDE MAX HEEFT ZIJN POSTCHEQUEBOEKJE VERGOKT

Wilde max heeft zyn postchequeboekje vergokt

ALFABETER ∗ 109

SCHRIJVEN IS SPREKEN

Met de hand schrijven wordt vaak gezien als iets stils en toch vertelt het zo veel – wie we zijn, hoe we ons voelen, wat ons ertoe heeft gebracht ons op deze manier te uiten...

← *Mijn kalligrafie en zwierige krullen omgezet in een papieruitsnede door de getalenteerde graffitikunstenaar en 'schrijver' David S.*

FRISSE GEDACHTEN

Soms vind ik het leuk om te schrijven met een thema – zoals de verzameling natuurwoorden op blz. 106-107 of lijstjes van mijn favoriete dingen.

Dit kun je ook proberen: zoek uit welke verschillende namen kunstenaars aan olieverf geven. Sommige zijn mystiek en majestueus! Kies je favorieten en schrijf ze uit. Verander de stijl voor elk nieuw woord en laat de creatieve woorden invloed hebben op hoe je ze schrijft. Leesbaarheid is hier niet belangrijk, expressie wel!

CREËREN

Laat je inktspireren om nieuwe dingen te proberen en anders te denken – voor jezelf! Hiernaast zie je een van mijn favoriete citaten. Schrijf nu een van je eigen favorieten op en wees je bewust van de lay-out, compositie, waar letters elkaar raken en waar je kansen vindt om je eigen invallen toe te voegen...

'ALS JE JE STER VOLGT, KAN HET NIET MISSEN OF JE VINDT JE EIGEN GLORIEUZE BESTEMMING' (DANTE ALIGHIERI)

HET IS IN JOUW HANDEN

Grafologie is het analyseren van handschriften op persoonlijkheidskenmerken. Grafologie bestaat al sinds de tijd van Aristoteles. Bij het bekijken van een stukje handschrift zijn zeven kenmerken van belang:

* **HELLING**
* **LETTERGROOTTE**
* **SNELHEID**
* **STRUCTUUR**
* **DRUK**
* **LIGATUREN**
* **LETTERVORMEN**

Denk tijdens het ontwikkelen van je eigen kalligrafie eens na over deze elementen.

Ik heb je veel verschillende lettervormen en speelse uithalen aangeboden om mee te experimenteren, maar nu is de tijd gekomen dat je niet langer probeert te schrijven zoals ik doe, maar zoals je zelf doet. Laat je eigen stijl ontstaan. Steek er tijd en aandacht in, zodat een unieke stijl ontstaat die representatief is voor jezelf.

Hier volgen wat van mijn richtlijnen voor kalligrafie (en voor het leven) om op gang te komen:

1
MAAK SNELLE, NIET PERFECTE KRULLEN EN UITHALEN IN ALLES WAT JE SCHRIJFT. ZE GEVEN VREUGDE, ZELFS OP EEN POST-IT OF BOODSCHAPPENBRIEFJE!

2
STA JEZELF TOE FOUTEN TE MAKEN. DIE ZIJN UNIEK VOOR JOU EN DAARIN LIGT JE KRACHT.

3
'IK HEB JOUW IDEE GEKOZEN EN DAT VERBETERD' – LAAT JE INKTSPIREREN OM NIEUWE LETTERS TE MAKEN, NIEUWE UITDRUKKINGSVORMEN, NIEUWE VERBINDINGEN EN DEEL JE WOORDEN. WEES GUL IN HOE JE SCHRIJFT, WAAR EN HOEVEEL JE SCHRIJFT. LAAT HET AAN DE WERELD ZIEN.

Het is tijd om deze bladzijden even te laten voor wat ze zijn en om te zien hoe experimenteren met verschillende mediums je kan helpen een eigen stijl te ontwikkelen. Verschillende mediums – van stiften tot witte pennen tot metalen pennetjes – hebben effect op de manier waarop je schrijft. Bovendien bepalen ze de geest van wat je schrijft en hoe je dat doet.

KALLIGRAFIJN

Er zijn oneindig veel kalligrafische beelden om je heen, je hoeft alleen maar te kijken. Het is altijd goed je ogen de kost te geven en te bepalen wat wel of niet werkt voor jou. Op Instagram heb ik een speelse benadering ontdekt: schrijven met groenten – om aan te tonen dat je geen chique pennen nodig hebt om te kalligraferen. Ik was erg geïnktspireerd om het uit te proberen...

Het klopt wat Einstein zei:

DEZE OEFENING HELPT JE OM OP EEN ANDERE MANIER NAAR SCHRIJVEN TE KIJKEN:

Neem een flesje inkt, een dikke rol knutselpapier en wat verschillende groenten. Prima als die er gek uitzien!

Een wortel ziet er geweldig uit als je die voor de helft in zwarte inkt doopt. En tijdens het schrijven blijkt hij een verrassend fijne, harde punt te hebben...

Creativiteit is geluk. Laat het zien.

Schrijven met een zachte, slappe asperge heeft wel iets van het werken met een penseel...

Tegen de tijd dat we chilipepers gingen fotograferen wilde iedereen proberen hoe het voelt om daarmee te schrijven...

Wat gebeurt er wanneer je een roosje broccoli in de inkt doopt? Kun je schrijven met een felroze radijs? Verandert dat de manier waarop je wilt schrijven – en de woorden die je kiest?

SCHRIJVEN MET EEN PENSEEL

Gebruik echte penselen – bijvoorbeeld een dun penseel en een dik, rond of plat penseel. Doop de punt in een brede inktfles en speel ermee op grote vellen dik papier.

Het voelt HEEL anders als je met plasjes inkt speelt en lettervormen maakt met een penseel. Hoe meer druk je uitoefent, hoe dikker de lijn. Als je je pols lichtjes meebeweegt, worden de letters dunner en lichter.

magic in the making

Ik heb altijd gehouden van het geluid van een pennenpunt die over papier krast, maar hiermee krijg je zwierige strepen en druppels. Hopelijk ook schitterende spetters! Als je de vrijheid die dit je geeft prettig vindt, kijk dan eens hoe het voelt om te schrijven met een brushpen – brushpennen zijn de laatste tijd erg hip. Een brushpen is een stift met een scherpe, penseelachtige punt zonder haartjes. Het fijne aan zo'n pen is dat hij oogt en voelt als een echt penseel: de breedte van de lijnen verandert door de uitgeoefende druk. En brushpennen zijn er in heel veel kleuren.

De beste manier om te kalligraferen met een brushpen is door je woorden betrekkelijk groot op te schrijven. Zo krijg je het volledige spectrum van brede en smalle lijnen.

BLEKEN

Speel nu hier eens mee – maar
WEES VOORZICHTIG!

Ten eerste vanwege het wow-effect, ten tweede omdat ik je vraag te schrijven met chloor.

Door chloor gaat metaal roesten, dus doop er geen pennenpunt in, maar probeer een penseel van echt haar. Draag een schort en spetter niet in je gezicht of rond je ogen.

Bleekwater laat kleuren verschieten, dus probeer er netjes mee te schrijven, of voeg een klein drupje water toe om de stroperigheid minder te maken. Gebruik het op gekleurd papier en let op het effect.

Ik werk heel graag met chloor op zwart papier – afhankelijk van de sterkte ervan krijg je zo'n prachtige doorschijnendheid...

Blijf onderzoeken en experimenteren met de oncontroleerbare kanten van het schrijven, laat het gebeuren... zelfs het kleine kwastje van nagellak kan geweldig zijn om mee te schrijven!

Coffeefy » EEN ZELFVERZONNEN WOORD OM AAN TE GEVEN DAT JE MET ALLE SOORTEN VLOEISTOF KUNT PROBEREN TE SCHRIJVEN, ZOALS MET GEURIGE ESPRESSO...

EEN SPOOR VAN STERRENSTOF MET *Mara*

De inleiding van dit boek is geschreven door de geweldige Mara Zepeda. Ik had haar werk al een tijdlang online gevolgd via haar studio Neither Snow. Ik was dol op de dansende lichtheid van haar aan elkaar geschreven woorden, vaak omgezet in heel poëtische tattoos. Het voelde als een curieus toeval toen we elkaar in Florence ontmoetten. Mara introduceerde me in de wereld van de kroontjespen, waardoor mijn kijk op de moderne kalligrafie breder en ruimer werd. Gedurende haar verblijf in Florence gaven we onze eerste gezamenlijke kalligrafieworkshop en we werkten samen aan projecten, waarbij we elkaar bleven inspireren.

KALLIGRAFIE MET EEN KROONTJESPEN

Mara betoverde me volledig met haar verhalen over haar studie moderne kalligrafie aan Reed College, een kleine, vrije kunstacademie in het noordwesten van de VS, die een reputatie had van onafhankelijk denken, grondige studies en een ongeëvenaard kalligrafieprogramma. Steve Jobs, de medeoprichter van Apple, ging korte tijd naar Reed College en vertelde hoe het bestuderen van kalligrafie zijn mindset had beïnvloed: 'Elke poster en elk etiket op elke lade was prachtig met de hand gekalligrafeerd. Ik leerde over letters met en zonder schreef, over het variëren van de hoeveelheid ruimte tussen verschillende lettercombinaties, over wat goede typografie goed maakte. Het was geweldig, historisch, artistiek gezien subtiel – wetenschappelijk niet te vatten – en ik vond het fascinerend... Tien jaar later, toen we de eerste Macintosh-computer ontwierpen, kwam het allemaal weer boven. En we gebruikten al die kennis in de Mac. Het was de eerste computer met een schitterende typografie!' Sterker nog: het allereerste Macintosh-logo was getekend met een kalligrafeerpenseel!

Ik heb Mara gevraagd op de volgende bladzijden een inleiding te geven in kalligrafie met een kroontjespen. Je ziet dat haar schrijfstijl anders is dan de mijne – erg schuin met veel verschil in lichte en zware lijnen, dankzij de druk van de kroontjespen. Ik bewonder haar dynamisch springende letters, die haar energie overbrengen. De emotie die zo duidelijk aanwezig is in haar letters is overweldigend. Ze heeft mij geïnktspireerd tot het gebruik van de kracht van schrijven, op elke mogelijke manier, in alles wat ik doe.

awakens
soul to act. DANTE

"DOOR MARA ZEPEDA"

DE WONDEREN VAN KALLIGRAFIE MET EEN KROONTJESPEN

Er zijn veel redenen waarom kalligraferen met een kroontjespen zo mooi is. Om te beginnen lijkt het best wel op het schrijfgerei dat we in ons dagelijks leven gebruiken: potloden en balpennen lijken er eigenlijk heel erg op. Als je de basis eenmaal beheerst, kun je als nieuweling op het gebied van kalligrafie meteen helemaal los gaan: je pen in een potje inkt dopen en beginnen met experimenteren.

Ten tweede komt beheersing van een kroontjespen grotendeels neer op het uitzoeken van je eigen schrijfstijl (de helling, vorm, snelheid, spatiëring), om vervolgens te experimenteren met meer of minder druk op de punt. En die druk is zo'n leuk middel om je emotie van die dag te uiten! Een lichte, consistente druk roept bijvoorbeeld grillige, luchtige woorden op, terwijl een dramatische variatie in druk een stemmiger gevoel laat zien: gewichtig, zwaarder, gepassioneerd.

Als je de druk op de kroontjespen onder controle hebt, kun je daar ook profijt van hebben bij ander schrijfgerei. Een viltstift of zacht potlood geeft je bijvoorbeeld nieuwe mogelijkheden wanneer je eenmaal hebt onderzocht hoe elke letter een eigen gewicht krijgt – en dat gewicht creëer je door het uitoefenen van meer of minder druk.

"WIE OOIT HEEFT GEPROBEERD TE VLIEGEN BLIJFT LOPEN MET DE BLIK OP DE HEMEL GERICHT, WANT DAT IS WAAR HIJ IS GEWEEST EN DAT IS WAAR HIJ WIL ZIJN." (LEONARDO DA VINCI)

spiccato il volo

camminerà
guardando
il cielo,
perché là
è stato
e là
vuole
tornare

magie
DAL 1869

> **DOOR MARA ZEPEDA**

← *Linkshandige kalligrafen moeten het papier vaak zo leggen dat het bijna een kwartslag gedraaid is.*

IK BEN LINKSHANDIG

Het is een veelvoorkomend misverstand dat kalligrafie moeilijker is voor linkshandigen: dat is niet zo! Zorg dat je een rechte kalligrafeerpen gebruikt en geen schuine. Voor iedereen, maar vooral voor linkshandigen, is de hoek van alles belangrijk: pennenpunt, houder, papier, pols, romp, schouders, heupen, dijen, stoel. Wat ik mijn leerlingen vooral leer is uitzoeken wat de hoek moet zijn voor al die zaken: wat voelt het beste, wanneer zijn al die hoeken zo veel mogelijk in harmonie met elkaar? Je kunt al die lijnen beschouwen als de latten van een hek: ze moeten parallel lopen en rechtop, niet willekeurig en elkaar kruisend. Let op of je je pols buigt, je benen over elkaar slaat of je vingers samendrukt.

JE LICHAAM MOET OPEN, COMFORTABEL EN 'UITGELIJND' VOELEN.

Omdat kalligrafie de afgelopen jaren zo populair is geworden, staan social media vol plaatjes en inspiratie. Ik hoor mijn leerlingen vaak zeggen: 'Ik wil dat mijn werk er precies zo uitziet' of: 'Dit kan ik niet, dat van mij ziet er vreselijk uit!' Dat breekt mijn hart, want het houdt in dat ze iemand anders willen worden dan ze zelf zijn en dat ze onnodig hard oordelen: niet over hun artistieke talent, maar over wie ze zijn als mens. Ik zie mensen kalligrafie vaak uitoefenen als een zuiver esthetische hobby. Daar is niets mis mee, maar er is nog zoveel meer aan te beleven! Betty en ik geloven beiden dat kalligrafie een uiting en onderzoeksmiddel kan zijn van je ware zelf, en dat ze zich voortdurend ontwikkelt. Het verbaast me hoe mijn stijl in de loop van de tijd is veranderd. Het geeft mijn eigen groei en ontwikkeling aan. En ik denk dat schrijven dit aan iedereen kan bieden die het met nieuwsgierigheid en een open houding benadert.

DOOR MARA ZEPEDA

DE PENNENPUNT

De meeste kalligrafie met een kroontjespen wordt gedaan met een pen die je in inkt moet dopen. De pennen bestaan uit een punt in een houder.

Deze pennen hebben vaak geen houder voor inktpatronen. In plaats daarvan dip je de punt tijdens het schrijven telkens in de inkt. Deze pennen zijn vaak flexibeler dan vulpennen, omdat de punt uit elkaar kan buigen. Dat geeft je meer mogelijkheden om in lijn te variëren: je kunt dikke en dunne lijnen maken door de punt terwijl hij over het papier gaat te buigen of open te buigen. Door met de uitgeoefende druk te spelen creëer je eindeloos veel mogelijkheden in het overbrengen van emotie. Zorg dat je papier gebruikt dat niet te veel zuigt: een kroontjespen bevat namelijk veel meer inkt en daardoor kan je werk vlekken of krijg je spetters op rafelige stukken papier.

LICHTE OPWAARTSE STREKEN NEERWAARTS   **DWARS & WEER OMHOOG**   **DRUK HARDER BIJ DE NEERWAARTSE BEWEGINGEN**

Je bent weer in contact gekomen met je schrijfwerk en hebt gespeeld met variaties op lettervormen. Die vaardigheden kun je ook toepassen op schrijven met een kroontjespen. Ook hier geldt dat er een schitterend verband bestaat tussen ademen en schrijven: adem in bij de opwaartse lijnen, adem uit bij het naar beneden gaan.

↓ **WARMING-UP OEFENINGEN**

ONDER DRUK

Het is heel leuk om drukverschillen en de flexibiliteit van de kroontjespen te leren kennen. De tanden van de pennenpunt zijn heel flexibel. Je zult merken dat als je geen enkele druk uitoefent, de lijn dun en licht is. Hoe steviger je drukt, hoe dikker de lijn.

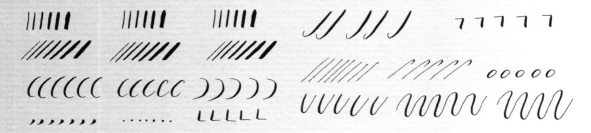

Stel je nu voor dat elke lijn de steel is van een groeiende bloem, zoals een kwetsbare klaproos. Het begint misschien licht, spichtig en kwetsbaar, maar wordt steeds sterker en dikker.

Experimenteer met steeds meer druk op de pennenpunt, zodat je de variaties in lijndikte leert kennen.

"DOOR MARA ZEPEDA"

↓ **WOORDVARIATIES**

KALLIGRAFIE MET EEN KROONTJESPEN * **135**

" DOO MARA ZEPEDA "

GENADE ONDER DRUK: GRACE UNDER PRESSURE

Bij dit citaat van Hemingway zie je dat elke lijn een ander gewicht meekrijgt, te beginnen met lichte haarlijntjes in de eerste regel tot dik en vet in de laatste regel. Kies je eigen citaat en speel met het steeds zwaarder aanzetten van de letters.

courage is grace under pressure.
ernest hemingway

E-MOTIE!

Lijndikte kan ook verschillende emoties overbrengen: van speels en grillig tot sterk en assertief. Richt je emotie op een bladzijde en laat de belijning van de letters, de lijndikte en spatiëring deze gevoelens overbrengen.

La vita è una combinazione di magia e pasta *
FEDERICO FELLINI

* 'HET LEVEN IS EEN COMBINATIE VAN MAGIE EN PASTA.' (FEDERICO FELLINI)

> **DOOR MARA ZEPEDA**

TATTOOS

Verspreid door dit boek zie je enkele van de creatieve manieren waarop Betty haar kalligrafie van het papier haalt: van schrijven op muren tot het decoreren van voedsel. Een van de opvallendste ervaringen in mijn leven is het ontwerpen van kalligrafietattoos: dat is een van de manieren waarop ik mijn werk buiten het papier voortzet. Ik werk samen met cliënten om een stukje kalligrafie te creëren dat veel voor hen betekent. Zij gaan daar vervolgens mee naar een tattookunstenaar om het in hun huid te laten zetten. Het is een bijzonder gevoel te zien dat mijn werk op zo'n uiterst persoonlijke, blijvende manier wordt gedeeld, en toch is het ook slechts een van de vele mogelijkheden als het gaat om het tot leven brengen van je kalligrafie.

'WANNEER VREDE ALS EEN RIVIER OVER MIJN PAD STROOMT,
WANNEER VERDRIET ROLT ALS GOLVEN VAN DE ZEE,
WAT MIJN LOT OOK IS,
GIJ HEBT ME GELEERD TE ZEGGEN HET GAAT GOED (IT IS WELL),
HET GAAT GOED MET MIJN ZIEL.'
– HORATIO SPAFFORD

trois

iloveher   ilovehim

" GENIET VAN JE AVONTUREN MET DE KROONTJESPEN.
IK VERWIJS JE TERUG NAAR BETTY, VOOR NIEUWE MANIEREN OM NAAR WOORDEN TE KIJKEN. "

Mara

WOORDEN DOEN ERTOE

Door ander materiaal of gereedschap te kiezen kun je veranderen hoe je de woorden ervaart die je schrijft. Met wit op zwart schrijven geeft je bijvoorbeeld een totaal andere perceptie van schrijven. De snelste manier om je eigen kalligrafische stem te ontwikkelen is oefenen met wit op zwart. Je bent klaar met het overtrekken van mijn lettervormen. Duik in de duisternis van de volgende bladzijde en leer te vliegen door in je eigen stijl te schrijven. Koester elke inktige ster die je maakt...

SCHRIJF MET WIT

Probeer op deze bladzijde te schrijven met een stift van witte acrylverf, zoals een Uni POSCA. Je kunt ook een porseleinpotlood gebruiken, of zelfs krijt – zie je woorden verschijnen als sterren aan een donkere hemel...

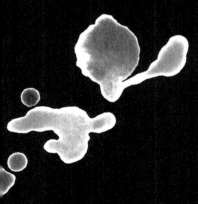

Het staat allemaal in de sterren geschreven

KNIPKUNSTENAARS

Ik zou geen boek kunnen schrijven over inktspiratie zonder je te vertellen over twee vrouwen die veel invloed op me hebben gehad. Van alle verbluffende mensen die mijn inktige pad hebben gekruist, markeert de ontmoeting met de elegante zussen Simone en Helene een indrukwekkend hoofdstuk in mijn papieren kosmos.

EEN DUBBELE DOSIS SCHAARKRACHT: DE TWEELINGZUSSEN VAN EDITION POSHETTE HEBBEN PURE POËZIE IN HANDEN.

Ze zijn ongelooflijk getalenteerde knipkunstenaressen en maken zeer bijzondere papieren creaties met een verbluffende snelheid.

Mijn kalligrafie heeft een nieuwe dimensie gekregen toen deze zussen mijn inktige krabbels onder handen gingen nemen en die veranderden in geknipte veertjes, bloemen, vogels en boeketten.

Alle schitterende papieren ontwerpen in dit boek zijn door dit tweetal geknipt, geplooid en gevormd. Het zijn stylisten, kunstenaars en echte vriendinnen.

Onze samenwerking heeft zo veel geweldig creatieve ogenblikken opgeleverd, variërend van onze gedrukte lederen accessoires tot hun buitengewone ontwerp van de 'paper room' in een van onze hotels. Als je daar in bed ligt, zie je een verlichte, papieren, uitgeknipte skyline van Florence, met gevouwen boeken boven je hoofd waardoor je fijne, slimme, met woorden gevulde dromen zult dromen.

De combinatie van mijn inktigheid en hun fantastische talent en *joie de vivre* vormde de eerste vonk voor het ontstaan van dit boek. Boven alles koesteren wij onze gezamenlijke tijd, waarin we dingen maken en met elkaar delen wat we doen.

↗ *Papieren details van de kamer die de tweeling heeft gedecoreerd in SoprArno in Florence.*

→ *Een van onze creatieve samenwerkingen voor Edition Poshette bestaat uit bedrukte lederen accessoires.*

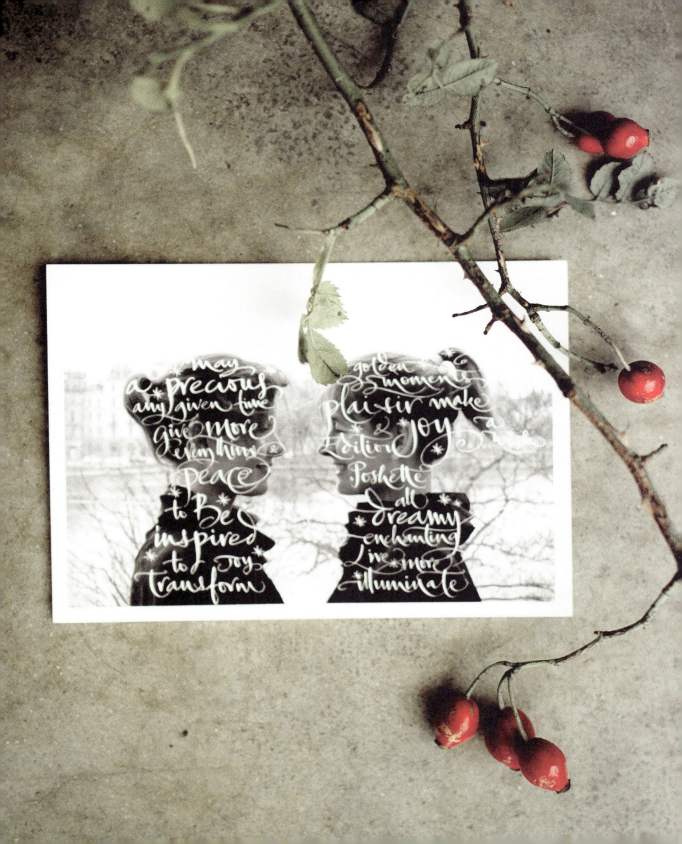

...Het maakt niet uit hoe je schrijft, het gaat om de boodschap...

(JACKSON POLLOCK)

↗ *Geplooide manchet vol inktspiratie en met de hand uitgeknipte letters, waarbij Edition Poshette gebruik heeft gemaakt van een van mijn volgeschreven vellen.*

← **HET STAAT ALLEMAAL IN DE STERREN**
Een van mijn favoriete creaties van Edition Poshette: een letterlijk met sterren bezaaid boek dat betoverend werkt en poëtisch is, gewoon door wat het is...

Ik hoop dat het zien van enkele van de magische creaties van Edition Poshette je ideeën geeft om je kalligrafie op verschillende manieren tot leven te brengen. Van kerstdecoraties en boekenleggers tot papieren waaiers: een paar knipjes met een schaar kunnen je helpen de woorden van het papier te laten spatten.

Laten we schrijfwerk tot leven brengen en het delen met de mensen om ons heen.

BRENG SCHRIJVEN TOT LEVEN

Als je je eigen stijl ontwikkelt, zorg dan voor verschillende sferen voor verschillende gelegenheden. Uit jezelf vooral op verschillende oppervlakken, probeer veel schrijfgereedschappen uit en ontdek welke je het fijnst vindt. Durf meer dan alleen op papier of karton te schrijven: probeer woorden te schrijven die anderen zullen opvallen op onverwachte plaatsen of op een manier die hen verrast. De gereedschappen die je hanteert doen er minder toe dan de ideeën die je hebt en de eenvoudigste ideeën worden dierbaar wanneer je ze zelf hebt gepersonaliseerd.

ZEG HET MET BLOEMEN

Neem in plaats van een kaartje een groot stuk papier en schrijf je wens daarop. Wikkel dit papier om een boeketje bloemen. Je kunt op dezelfde manier persoonlijk inpakpapier maken voor cadeautjes.

Our wedding day is one that seems to fly. It's a day filled with emotion, friends, rings & vows. So take a few seconds to look into each other's eyes. Think about the happiness you are feeling in this place, in this moment. Really let that feeling register in your heart and mind. Now dream about the future together, in each others' arms & hearts & minds.

John Lennon once said: "A dream you dream alone is only a dream. A dream you dream together, that is reality."

WIT

—

Witte schrijfsels zien er prachtig uit, alsof de tekst is uitgeknipt. Probeer wit op gekleurd of metallic enveloppen voor een extra vleugje elegantie.

EEN BLAD OMSLAAN

Schrijf met een Uni POSCA-verfstift met een fijne punt een wens onder op een bloemblaadje. Leuker dan het gebruikelijke kaartje aan een bosje bloemen.

ZOETE HAPJES

Met Uni POSCA-verfstiften kun je op vrijwel elk oppervlak schrijven. Probeer ze bijvoorbeeld op een stuk stevig fruit, zoals een appel of een peer. Je kunt de inkt er gemakkelijk afvegen. Stop zo stiekem een lieve wens in de lunchtrommel van je lief, of gebruik ze als creatieve plaatskaartjes tijdens een diner.

PAPIEREN MAGIE

Hoewel de vergankelijkheid van bloemen en blaadjes iets heel moois heeft, wil je soms dat bijzondere momenten blijven voortduren. Papierknipsels of gedroogde blaadjes van een boeket vormen mooie herinneringen.

NOGAL VALENTIJNERIG

Schrijven met lipstick heeft iets weelderigs en romantisch. Schrijf maar eens op een spiegel: het glijdt er gladjes overheen en geeft een intens kleurig resultaat, dat je zelfs kunt voelen. Laat een berichtje voor iemand achter op de spiegel – of maak iets waardoor je zelf gaat glimlachen wanneer je weer naar je spiegelbeeld kijkt.

HUWELIJKSKLOKKEN

Vaak vragen mensen mij om op maat gemaakte uitnodigingen te maken voor bruiloften. Tijdens een huwelijksfeest kun je trouwens op veel manieren inktige schoonheid toepassen. Van menu's en geloften tot servetjes en geschenken: als je de tijd neemt om heel mooie, gepersonaliseerde wensen te schrijven, voelt alles nog specialer.

GLAS

Bloemblaadjes? Schrijf eens met permanente stift op een vaas! Deze teksten ogen prachtig subtiel door de glanzende transparantie van glas.

ETALAGES

Beperk jezelf niet tot kleine oppervlakken. Durf! Neem een dikke Uni POSCA-verfstift en maak een statement van kalligrafische kunst op je ruiten.

SPIEGELBEELD

Schrijven op spiegels is een leuke manier om iets extra's toe te voegen aan glazen fotolijstjes en vitrineboxjes. Uni POSCA-verfstiften kun je gemakkelijk uitwissen, dus kun je woorden schrijven die ook zó weer weg zijn.

The beauty you see in me is a reflection of you

KNIP, KNIP...

Omdat kalligrafie er zo mooi op aansluit kun je woorden prachtig samenvoegen met knipsels. Misschien voel je je onhandig, maar neem de tijd. Probeer een scherp mesje en een schaar. Knip losse letters en vormen uit voor opvallende resultaten in 3D.

IETS TE VIEREN?

Wat ballonnen, een papieren tafelkleed en een paar permanente stiften: meer heb je niet nodig om een uniek, leuk feestje te bouwen. Blaas de ballonnen op en versier ze met speciale, persoonlijke wensen voor specifieke gelegenheden. Schrijf ter versiering speelse woorden en zinnen op het tafelkleed, dat vinden kinderen én volwassenen allemaal even leuk... zeker als je nog wat pennen laat liggen zodat ze er zelf nog iets persoonlijks aan toe kunnen voegen.

DE LENTE ONTLUIKT!

De lente is een van mijn favoriete jaargetijden. Alles voelt fris, nieuw en zit vol bloeikracht. Vier de lente door onverwachte cadeautjes te geven aan mensen om wie je geeft. Gebruik eenvoudige papieren zakjes en maak daar met een paar pennenstreken iets van wat past bij het seizoen, iets wat helemaal 'jou' is.

VERZAMEL ALLERLEI MOOIS

Je dromen, wensen en verlangens schrijven op seizoensspullen is een geweldige manier om van het hele jaar iets feestelijks te maken.

EI, EI, WAT EEN (E)IDEE!

Wie is er niet dol op chocolade-eieren... Toch kun je ook echte eieren gebruiken voor fraaie paasversieringen. Prik een gaatje in een ei en laat eiwit en -dooier eruit lopen en spoel het schoon... óf kook wat eieren hard. Versier ze dan met paasboodschappen, woorden, inktspetters, tekeningen en patroontjes met permanente stiften van dun tot dik. Houd het heel stijlvol met een beperkt kleurenpalet, maar laat kinderen zich uitleven en er lekker op tekenen met kleurige pennen!

HALLOWEEN

Met zwarte inkt en puntige letters kun je spookachtige Halloweenboodschappen schrijven. Of maak een spannend kunstwerk van letters in de vorm van een spinnenweb. Gebruik verf of permanente stiften om enge kreten te schrijven op pompoenen: een leuk, modern alternatief voor uitgeholde pompoenlantaarns. Vergeet het bolletje knoflook niet: zo houd je vampiers op afstand...

KERSTVREUGDE

Met kalligrafie kun je heel goed een persoonlijke kerstversiering maken. Gewone glazen bollen zijn het handigst. Schrijf er grote, feestelijke kreten op met een metaalkleurige stift. Maak af met mooi lint en je krijgt een werkelijk schitterende boom!

BUBBELS!

Schrijf een vrolijke wens op een wijn- of champagnefles met een metallic 'Sharpie' of Uni POSCA-verfstift. Het is een originele manier om een heel bijzonder cadeautje te maken van een flesje lekkers dat je meeneemt naar een etentje, en het ziet er ook nog eens geweldig uit als je het op tafel zet.

CREATIEVE KERST

Gebruik kalligrafie voor een unieke, schitterende kerst. Begin met witte enveloppen, kaartjes en papier en steek wat tijd in het versieren ervan met mooie letters en lieve boodschappen. Geef cadeautjes een persoonlijk tintje: van een wens in een boek tot grillige woorden op een kaars. Pak dan alles in, met persoonlijk beschreven inpakpapier.

happy everything

auguri stellati

have a
holly jolly
Christmastime
and all good wishes
for a happy new year

merry & bright

joyeux tout

starfilled wishes

Het staat allemaal in de sterren geschreven.

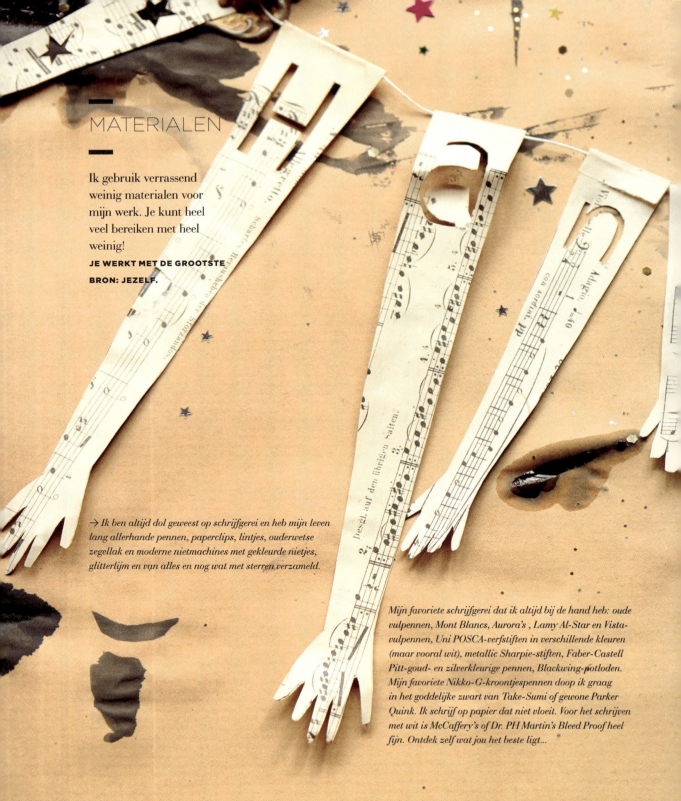

MATERIALEN

Ik gebruik verrassend weinig materialen voor mijn werk. Je kunt heel veel bereiken met heel weinig!
JE WERKT MET DE GROOTSTE BRON: JEZELF.

→ Ik ben altijd dol geweest op schrijfgerei en heb mijn leven lang allerhande pennen, paperclips, lintjes, ouderwetse zegellak en moderne nietmachines met gekleurde nietjes, glitterlijm en van alles en nog wat met sterren verzameld.

Mijn favoriete schrijfgerei dat ik altijd bij de hand heb: oude vulpennen, Mont Blancs, Aurora's , Lamy Al-Star en Vista-vulpennen, Uni POSCA-verfstiften in verschillende kleuren (maar vooral wit), metallic Sharpie-stiften, Faber-Castell Pitt-goud- en zilverkleurige pennen, Blackwing-potloden. Mijn favoriete Nikko-G-kroontjespennen doop ik graag in het goddelijke zwart van Take-Sumi of gewone Parker Quink. Ik schrijf op papier dat niet vloeit. Voor het schrijven met wit is McCaffery's of Dr. PH Martin's Bleed Proof heel fijn. Ontdek zelf wat jou het beste ligt...

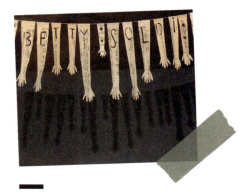

DANKJEWEL

Mijn visionaire ouders Dante en Mirna, en mijn sterke zus Marinella: ze stimuleren me steeds om de sterren te willen bereiken.

Matteo en Alma, die genieten van mijn sterrenkijkerige dagdromerijen en altijd geduldig wachten als ik weer iets inktigs maak, voordat we eropuit kunnen trekken om iets leuks te doen.

Met sterren gevulde woorden van dank voor iedereen die me in de loop van de tijd heeft geïnktspireerd, ook zonder het zelf te beseffen. Vooral dank aan mijn vrienden omdat we elkaar voeden op onze inktige weg...

Een speciaal woord van dank voor alle hulp en het plezier in het maken van dit boek aan Mara, Simone en Helene van Edition Poshette, Adam en Maria van Retrouvius, Crawford, Kathy, Frances, Veronica en Claudia.

Bedankt, Debi, voor onze heerlijke creatieve tijd samen, dank Tara en het team van Kyle Books, die me enthousiast vroegen om dit boek te maken en me vervolgens volledige creatieve vrijheid gaven in de totstandkoming ervan.

ONTDEKKEN EN KOPEN:
bettysoldi.com
soprarnosuites.com
adastraflorence.com
andcompanyshop.com
editionposhette.com
marazepeda.com
neithersnow.com
retrouvius.com
mountstreetprinters.com